TÍTULO ORIGINAL: ET POURTANT ILS S'AIMENT
TRADUCCIÓN DEL FRANCÉS: MARÍA TERESA RIVAS
© 2011 - ÉDITIONS AUTREMENT, PARÍS, FRANCIA

PRIMERA EDICIÓN EN CASTELLANO:
© 2012 DE LA PRESENTE EDICIÓN: TRAMUNTANA EDITORIAL
C/ CUENCA, 35 - 17220 - SANT FELIU DE GUÍXOLS (GIRONA)

ISBN: 978-84-940213-4-3
DEPÓSITO LEGAL: GI. 1174-2012
IMPRESO EN CHINA / PRINTED IN CHINA
RESERVADOS TODOS LOS DERECHOS

Y SIN EMBARGO
SE QUIEREN

EL GRAN LIBRO DE LOS CONTRARIOS,
DE LAS CIFRAS Y DE LOS COLORES

FRÉDÉRIC KESSLER

Tramuntana

TODOS SON MUY DIFERENTES.

AL SEÑOR CERDO LE GUSTA ESTAR **DELANTE**.

LA SEÑORA VACA PREFIERE ESCONDERSE DETRÁS.

EL SEÑOR OSITO SE SIENTE BIEN EN MEDIO.

A LA SEÑORITA OSITA LE GUSTA
ESTAR DISCRETA EN UN RINCÓN.

AL SEÑOR PAJARILLO LE GUSTA VOLAR EN LO ALTO.

EL SEÑOR PEZ ROJO SE QUEDA ABAJO
PORQUE TIENE VÉRTIGO.

EL SEÑOR PEZ ROJO CANTA
EN VOZ ALTA BAJO LA DUCHA

¡LALALALA!
¡LALALA!
¡LALALA!
¡LALA!
¡LA!

EL SEÑOR PAJARILLO TARAREA
EN VOZ BAJA EN LA BAÑERA.

¡CUICUI!
¡CUICUI!
¡CUICUI!

EL SEÑOR COCODRILO ESTÁ DEL DERECHO
COMO TODO EL MUNDO.

EL SEÑOR CAIMÁN ESTÁ DEL REVÉS
PARA NO HACER COMO LOS DEMÁS.

LA SEÑORA JIRAFA ES RECTA.

LA SEÑORA SERPIENTE ES **SINUOSA**.

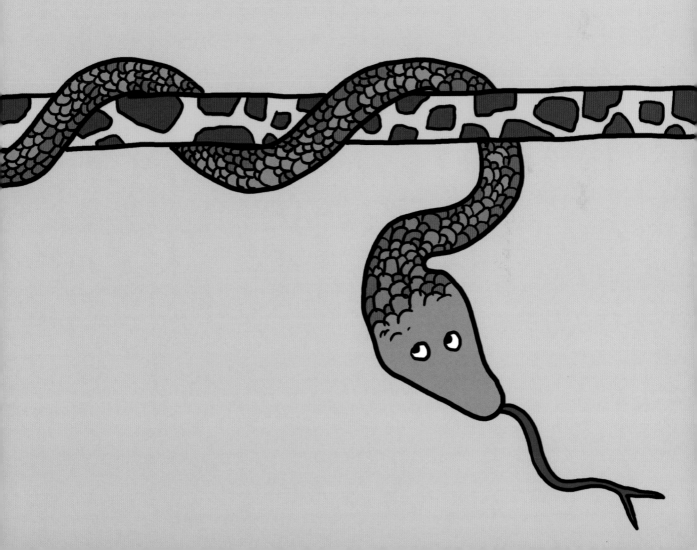

EL SEÑOR PEZ DE COLOR ROJO ES REDONDO.

EL SEÑOR PEZ DE COLOR BEIGE ES CUADRADO.

BLA BLA BLA BLA BLA BLA BLA BLA BLA BLA BLA BLA BLA BLA BLA BLA BLA BLA BLA BLA BLA BLA BLA BLA BLA BLA BLA BLA BLA BLA BLA BLA BLA BLA BLA BLA BLA BLA BLA BLA BLA BLA BLA BLA BLA BLA BLA BLA BLA BLA BLA BLA BLA BLA BLA BLA BLA BLA BLA BLA BLA BLA BLA BLA BLA BLA BLA BLA BLA

LA SEÑORA JIRAFA HABLA PARA NO DECIR NADA.

BLA

BLA BLA

BLA

BLA BLA

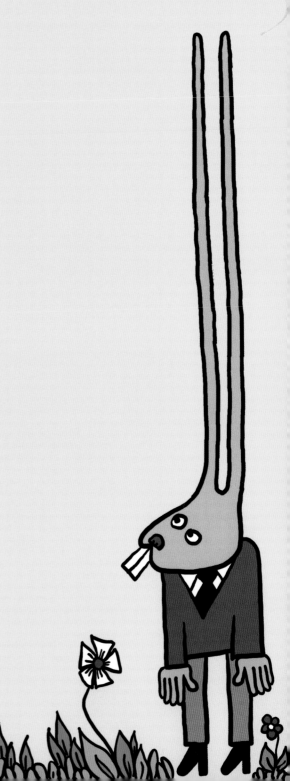

EL SEÑOR CONEJO ELIGE **CALLARSE**

PARA ESCUCHAR A LA SEÑORA JIRAFA.

EL SEÑOR COCODRILO HACE UN NUDO EN SU PAÑUELO
PARA ACORDARSE.

LA SEÑORA JIRAFA HA **OLVIDADO** DÓNDE HA

HECHO UN NUDO PARA ACORDARSE.

EL SEÑOR COCODRILO Y EL SEÑOR CAIMÁN
NUNCA ESTÁN DE ACUERDO.

¡BLANCO!

CUANDO UNO DICE BLANCO, EL OTRO DICE NEGRO.

¡NEGRO!

DE NOCHE, EL SEÑOR GATO ES GRIS.

EL SEÑOR RATÓN

SUEÑA EN COLORES

EL SEÑOR RATÓN VERDE VE LA VIDA COLOR ROSA.

EL SEÑOR PEZ ROJO LO VE TODO **NEGRO**.

CUANDO DISCUTEN, EL SEÑOR RATÓN
SE PONE ROJO DE IRA.

Y EL SEÑOR PEZ
SE PONE VERDE DE RABIA.

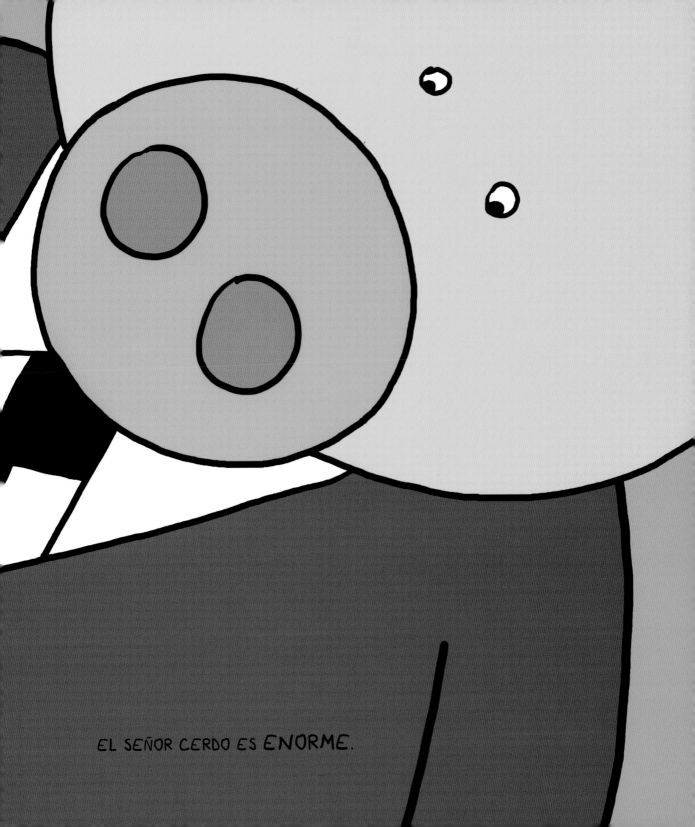

EL SEÑOR CERDO ES ENORME.

LA SEÑORA JIRAFA ES MUY GRANDE.

SU HIJA LA SEÑORITA JIRAFA ES PEQUEÑA.

LA SEÑORITA JIRAFA PARECE MUY GRANDE,

AL LADO DEL SEÑOR RATONCILLO.

EL SEÑOR RATONCILLO ES INMENSO,

COMPARADO A LA SEÑORA MOSCA QUE ES **MINÚSCULA.**

LA SEÑORA MOSCA ES **GIGANTE,**

PARA EL **MICROSCÓPICO** SEÑOR MICROBIO.

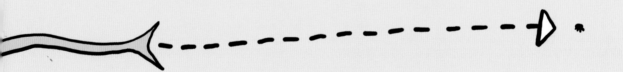

LA SEÑORA GALLINA NO TIENE **NINGÚN** DIENTE.

EL SEÑOR COCODRILO TIENE MUCHOS.

LA SEÑORA GALLINA PONE UN HUEVO CADA DÍA.

EL SEÑOR COCODRILO SE COME CADA DÍA
DIEZ POLLITOS PARA DESAYUNAR.

EL SEÑOR POLLITO SE QUEDA **DENTRO** DEL HUEVO.

EL SEÑOR POLLUELO VUELA **FUERA** DEL NIDO.

LA SEÑORA PALOMA **SALE** DE LA JAULA.

EL SEÑOR PERRO **ENTRA** EN SU CASETA.

AL SEÑOR PERRO LE GUSTA NADAR BAJO EL AGUA.

EL SEÑOR GATO **DETEST**A LA NATACIÓN.

EL SEÑOR MONO DUERME **SOBRE** LA RAMA.

EL SEÑOR PEREZOSO DUERME **BAJO** LA RAMA.

EL SEÑOR PEREZOSO NO HACE NADA DURANTE EL DÍA.

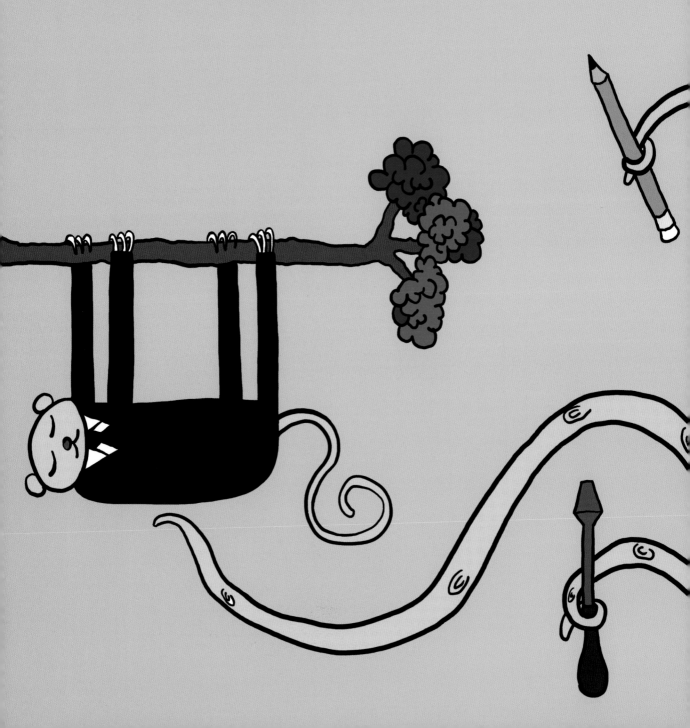

LA SEÑORA PULPO BUSCA A SU GATO.

EL SEÑOR CERDO HA **ENCONTRADO** A LA CERDITA DE SU VIDA.

Y SIN EMBARGO SE QUIEREN.